아이들은 불꽃과 같아.
작지만 큰 힘을 가졌으니까.

First published in France under the title: **Tous libres et égaux ? Mène l'enquête avec la Déclaration universelle des droits de l'Homme**
© Éditions Athizes, France, 2023
Copyright © 2023 by Lola Boudreaux (text) and Justine Duhé (illustrations)
Korean translation copyright © 2024, Hanulim Publishing Co., Ltd.
This Korean edition is published by arrangement with Ttipi agency, France and Duran Kim agency, Korea.
All rights reserved.

이 책의 한국어판 저작권은 Ttipi agency와 듀란킴 에이전시를 통해 저작권자와 독점 계약한 ㈜도서출판 한울림에 있습니다.
신저작권법에 의하여 한국 내에서 보호를 받는 저작물이므로 무단 전재와 무단 복제를 금합니다.

찾았다, 권리 침해!

그림으로 만나는 세계인권선언

롤라 부드로 글 · 쥐스틴 두헤 그림 · 라미파 옮김

한울림어린이

다시는 일어나면 안 돼!

1946년. 2차 세계대전이 끝난 지 불과 몇 달 되지 않았을 때야.
전쟁은 세계 곳곳에 아픈 상처를 남겼지.
세계 여러 나라는 다시는 이런 일이 일어나지 않도록
힘을 모으기로 했어.
모든 사람이 자유, 평등, 존엄을 누리며 살아가려면
권리와 자유를 보호하는 장치가 필요하다고 생각했지.

인권을 위해 전 세계가 처음으로 약속했어

1948년 12월 10일
프랑스 파리에서,
유엔(UN)의 58개 회원국은
'세계인권선언'을 발표했어.
자유와 정의, 평화의 밑바탕에는
인권이 있다는 걸 전 세계가
처음으로 합의한 문서야.

전 세계 인류의 공식 문서

세계인권선언은 지구, 우주, 은하계를 아우르는 전 세계 인류의 권리와 자유를 정의하는 공식 문서야!
나이, 성별, 피부색, 이념, 직업, 역사를 뛰어넘어 모든 사람이 누려야 할 인권의 세계 기준이라 할 수 있지.
지역별로 고르게 구성된 기초·위원회가 머리를 맞대고 처음 원고를 썼고, 유엔의 58개 회원국이 끊임없이 질문하고 토론하면서 조항 하나하나를 다듬고 또 다듬었어. 덕분에 다양한 종교적·정치적·문화적 맥락이 모두 반영될 수 있었지.

모두모두 중요해

세계인권선언은 30개 조항으로
이루어져 있어. 표현의 자유,
교육의 권리, 사생활의 권리,
건강과 적절한 주거에 대한 권리…
30가지 권리와 자유는
하나도 빠짐없이 모두 중요해.

누구에게나 똑같아

사람마다 생김새가 다르듯 생각도
느낌도 달라. 하지만 세계인권선언에
적힌 권리만큼은 누구에게나 똑같아.
모든 사람이 지니고 있으며,
누구도 빼앗을 수 없는 권리지.
즉, 국가와 법률, 개인의 의견이나
감정과 관계없이 변치 않는 권리야.

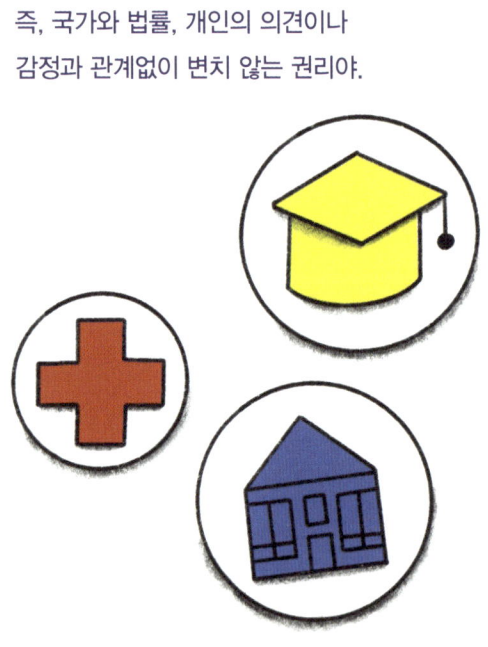

반드시 지켜져야 해!

오늘날에도 세계 곳곳에서 많은 사람들이 세계인권선언을 알리기 위해 노력하고 있어. 그 사람들을 '인권 운동가'라고 해.
인권 운동가들은 누구나 누려야 할 인권이 지켜지지 않는 곳을 찾아내고, 평화로운 방법으로 인권 보호와 존중을 요구하는 운동을 하고 있어.

네가 할일

모든 사람의 권리가 존중되고 자유가 보호받는 세상을 만들려면 어른들한테만 맡겨 둘 수 없어. 우리 어린이들도 힘을 모아야 해.
네게는 할일이 있어!
네가 사는 동네, 학교, 체육관, 공원, 네가 타고 다니는 버스 등 어디에서든 힘을 보태고 도울 수 있지. 앞장설 수도 있어.
너는 할 수 있어!

세계인권선언은 500개가 넘는 언어로 옮겨졌어. 세계에서 가장 많이 번역된 문서야.

모든 사람들의 모든 권리를 보호해

다음 장에 간추린 세계인권선언이 실려 있어! 엄청나게 중요하고 역사적이며 누구에게나 해당하는 내용이지!
지구에 사는 모든 사람들의 모든 권리를 보호하는 문서야!
숨을 크게 한 번 들이마시고, 천천히 책장을 넘겨 세계인권선언의 내용을 살펴보자.

쥘리에트, 파블로와 함께 관찰해 봐!

이 책에는 주변에서 흔히 볼 수 있는 일상생활의 여러 장면이 그려져 있어.
그림을 꼼꼼히 살펴보면서 권리가 지켜지고 있는 장면, 침해되고 있는 장면들을 찾아봐.
옆에 쓰인 세계인권선언의 조항에서 도움을 받을 수 있어.
권리인지 아닌지 생각하면서 관찰하다 보면 자연스럽게 인권이란 무엇인지 알게 될 거야.

내가 지킨다!

세상이 불공평하다고 느낀 적 있니?
이따금 옳지 않다는 생각이 들어?
때로는 상황을 바꾸기 위해 뭐라도 하고 싶다고?
그렇다면, 출발!

간추린 세계인권선언

제1조 모든 사람은 태어날 때부터 자유롭고, 존엄성과 권리에 있어서 평등하다.

제2조 모든 사람은 인종, 피부색, 성별, 종교, 언어, 국적, 갖고 있는 신념 등 어떤 이유로도 차별받지 않으며, 이 선언에 나와 있는 모든 권리와 자유를 누릴 자격이 있다.

제3조 모든 사람은 생명을 존중받으며, 자유롭고 안전하게 살아갈 권리가 있다.

제4조 어느 누구도 노예가 되거나 다른 사람에게 예속된 상태에 놓이지 않는다. 노예 제도와 노예 매매는 어떤 형태로도 금지한다.

제5조 어느 누구도 고문이나 잔인하고 비인도적인 모욕, 형벌을 받아서는 안 된다.

제6조 모든 사람은 어디에서나 법 앞에 인간으로서 인정받을 권리가 있다.

제7조 모든 사람은 법 앞에 평등하며 차별 없이 법의 보호를 받을 수 있다.

제8조 모든 사람은 헌법 또는 법률이 보장하는 기본권을 침해당했을 때 법정에서 구제받을 권리가 있다.

제9조 모든 사람은 정당한 근거 없이 잡히거나 갇히거나 그 나라에서 쫓겨나지 않는다.

제10조 모든 사람은 독립되고 공평한 법정에서 공정한 재판을 받을 권리가 있다.

제11조 모든 형사피의자는 공정하고 공개적인 재판에서 유죄가 결정될 때까지는 무죄로 추정될 권리가 있다.

제12조 어느 누구도 사생활, 가정, 주거 또는 통신에 대하여 함부로 간섭받거나 명예와 신용에 대해 비난받지 않는다.

제13조 모든 사람은 자기 나라 안에서 어디든 갈 수 있고, 어디서든 살 수 있다. 또 그 나라를 떠날 권리가 있고, 다시 돌아올 권리도 있다.

제14조 모든 사람은 박해를 피해 다른 나라에 피난처를 구하고 그곳에 망명할 권리가 있다. 그러나 그 사람이 누가 보아도 나쁜 짓을 저지른 경우는 제외된다.

제15조
모든 사람은 국적을 가질 권리가 있다. 누구든지 정당한 근거 없이 국적을 빼앗기지 않으며, 국적을 바꾸거나 다른 국적을 취득할 권리가 있다.

제16조
성인 남녀는 인종, 국적 또는 종교에 따른 제한 없이 결혼하고 가정을 이룰 권리가 있다.

제17조
모든 사람은 혼자 또는 다른 사람과 함께 재산을 가질 수 있다.

제18조
모든 사람은 사상, 양심, 종교의 자유를 누릴 권리가 있다.

제19조
모든 사람은 의견의 자유와 표현의 자유에 대한 권리가 있다.

제20조
모든 사람은 평화롭게 집회를 열고 단체를 만들 자유가 있다.

제21조
모든 사람은 선거로 자기 나라 정치에 참여할 권리가 있다. 선거는 올바르고 평등하게 해야 하며, 누구에게 표를 찍는지 비밀로 할 수 있다.

제22조
모든 사람은 사회의 일원으로서 사회 보장을 받을 권리가 있다.

제23조
모든 사람은 직업을 자유롭게 골라서 일할 권리, 공정하고 유리한 노동 조건에서 일할 권리, 일자리가 없을 때 보호받을 권리가 있다.

제24조
모든 사람은 휴식할 권리와 여가를 즐길 권리가 있다.

제25조
모든 사람은 의식주, 의료 및 사회 복지를 포함해 건강하고 행복하게 살기에 적합한 생활 수준을 누릴 권리가 있다.

제26조
모든 사람은 교육받을 권리가 있다.

제27조
모든 사람은 공동체의 문화 생활에 자유롭게 참여하고 예술을 즐길 권리가 있다.

제28조
모든 사람은 이 선언의 권리와 자유가 온전히 실현될 수 있는 체제에서 살아갈 자격이 있다.

제29조
모든 사람은 자신이 속한 공동체에 대해 한 인간으로서 의무를 진다.

제30조
이 선언의 어떠한 규정도 남의 권리와 자유를 짓밟기 위해 사용될 수 없다.

자유롭고 평등하게!

프랑스 파리에 있는 자유의 거리와 평등의 거리야.
길 이름이 정말 멋지지 않니? 하지만 구석구석 눈을 크게 뜨고 살펴보자.
세계인권선언 조항을 참고하면서
권리가 지켜지고 있는지, 침해되고 있는지 곰곰 생각해 봐.

찾았다, 민권

제1조 모든 사람은 태어날 때부터 자유롭고, 존엄성과 권리에 있어서 평등하다.

제2조 모든 사람은 인종, 피부색, 성별, 종교, 언어, 국적, 갖고 있는 신념 등 어떤 이유로도 차별받지 않는다.

제3조 모든 사람은 생명을 존중받으며, 자유롭고 안전하게 살아갈 권리가 있다.

제4조 어느 누구도 노예가 되거나 다른 사람에게 예속된 상태에 놓이지 않는다. 노예 제도와 노예 매매는 어떤 형태로도 금지한다.

제5조 어느 누구도 고문이나 잔인하고 비인도적인 모욕, 형벌을 받아서는 안 된다.

자세히 관찰해 봐

피부색이 다르다고 푸대접을 받는 사람들이 보이니?

책방 진열창을 자세히 살펴봐. 거기에 단서가 숨어 있어!

버스 정류장에 위대한 인권 운동가의 초상화가 붙어 있어.

그림에는 인권 보호를 위해 아주 중요한 결정을 한 연도가 쓰여 있어. 찾았니?

관찰 보고서

여자끼리 손을 잡고 있어

쥘리아와 베로니크는 얼마 전 결혼했어.
어른이 되면 누구나 삶을 함께할 사람을 자유롭게 선택할 수 있어.
자유는 무엇에도 얽매이지 않고 자기 뜻대로 행동할 수 있는 상태를 말해.
내 자유가 보장받길 바란다면 다른 사람의 자유도 존중해야 하지.
두 사람은 손잡을 자유가 있어!
→ 제1조

짙은 피부색의 사람들이 식당에 들어가려는데 종업원이 막고 있어

피부색, 외모, 종교적 신념, 성별 또는 사회적 출신 때문에 사람을 차별하는 건 평등권에 어긋난 행동이야.
종업원의 행동은 심각한 권리 침해야!
→ 제2조

어린 노동자와 희귀 금속 탄탈

우리가 편리하게 사용하는 스마트 폰이 어디에서 와서 어디로 가는지 이야기하는 그림책이야.
오늘날 노예 제도는 엄연히 법으로 금지되었지만, 갇힌 채로 이루어지는 강제 노동, 성매매, 아동 노동 같은 현대판 노예는 여전히 남아 있어.
이 책을 통해 지구촌 어딘가에서 일어나는 불합리한 아동 노동의 현실을 살펴볼 수 있을 거야.
→ 제4조

아동 학대 포스터

아동 학대는 아동을 신체적·성적·심리적으로 괴롭히거나 돌보지 않고 내버려 두는 걸 뜻해.
아동에게 씻을 수 없는 상처를 남기는 나쁜 범죄야.
아동 학대를 알게 되거나 아동 학대가 의심되면 곧바로 국번 없이 112에 신고해.
→ 제5조

프랑스, 사형 제도 폐지

식당 앞에 쓰인 이 숫자 봤니?
1981년은 프랑스에서 사형 제도가 폐지된 해야.
인권 운동의 영향으로 많은 나라에서 사형 제도를 폐지하는 방향으로 가고 있어. 법이라는 이름으로 인간의 생명을 빼앗는 사형 제도를 둘러싸고 오랫동안 논란이 이어졌고, 아직도 끝이지 않고 있어.
흉악한 범죄를 저질렀더라도, 인간이 인간의 생명을 빼앗는 것이 과연 옳은지 생각해 볼 필요가 있어.
→ 제3조

20세기 가장 위대한 인권 운동가, 마틴 루터 킹

버스 정류장에 붙어 있는 마틴 루터 킹 목사의 초상화를 보았니?
마틴 루터 킹 목사는 흑인 차별에 맞서 평화적인 방법으로 불평등한 제도를 개선하기 위해 노력했어.
그 공로를 인정받아 1964년 노벨 평화상을 받았지.
60년이 지난 지금도 많은 사람들이 마틴 루터 킹 목사의 뒤를 이어 힘차게 투쟁하고 있어.
→ 제1조

휠체어를 탄 폴이 버스를 타려고 해

폴은 장애가 있어서 가고 싶은 곳에 마음대로 갈 수 없어.
계단이 있는 버스는 휠체어가 오르내리기 힘들거든.
그렇지만 정부는 모든 사람들이 똑같은 기회를 누리도록 해야 해.
그게 바로 평등권이야.
폴은 버스를 탈 권리가 있어!
→ 제2조

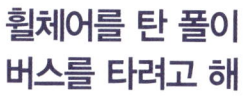

옳지 않은 이유로 차별을 당했다면, 또는 누군가 권리를 침해당하는 걸 봤다면 어떻게 해야 할까? 친구들과 함께 이야기 나눠 봐.

관찰 보고서

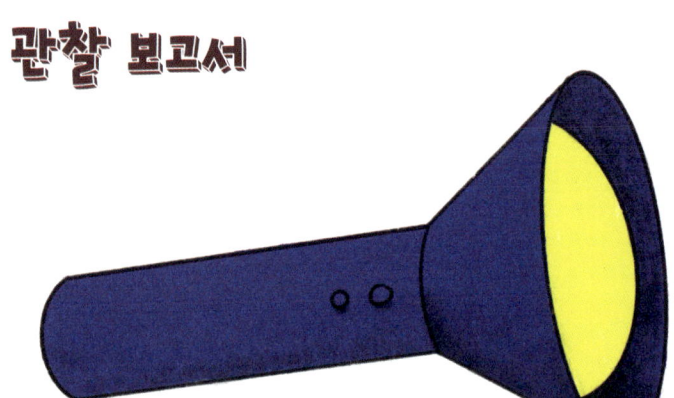

삐-삐- 심판이 반칙 호루라기를 불어

경기 중에 규칙이 지켜지지 않거나 선수들끼리 마찰이 생길 때가 있어. 그럴 때 규칙에 따라 마찰을 정리하고 경기를 진행하는 게 심판이 하는 일이야.
경기장이 나라라면 심판은 판사라고 할 수 있어.
심판도 판사와 마찬가지로 독립적이고 공정하게, 어떤 간섭도 받지 않고 결정을 내려야 해.
<mark>심판한테는 반칙 호루라기를 불 권리가 있어!</mark>
→ 제6조

국제올림픽위원회(IOC)

국제올림픽위원회는 세계에서 가장 큰 스포츠 축제인 올림픽을 이끌고 있어. 스포츠를 통해 평화로운 세상을 만들어 나가는 단체야. 정의로운 세상을 만들어 나가는 법률 기관도 있어. 국제사법재판소(ICJ)는 국제법에 따라 나라들 사이의 갈등을 해결하는 일을 하지.
→ 제8조

어떤 선수들이 잘못 알고 다른 팀 선수를 손가락질해

경기 중에 선수가 사실이 아닌 일로 오해를 받을 때가 있어. 이런 일은 일상생활에서도 일어날 수 있지.
그래서 '무죄 추정의 원칙'이라는 게 있어. 확실히 죄가 있다고 판결받을 때까지는 죄가 없다고 보는 원칙이지. 억울하게 누명 쓰는 사람이 없도록 말야.
<mark>잘 알지도 못하면서 손가락질하는 건 권리 침해야!</mark>
→ 제11조

팀 주장의 권한

주장한테는 팀 선수들을 감쌀 권한이 있다는 거 알고 있니? 주장은 경기장 안과 밖의 소통 창구 역할을 해. 팀 선수들의 생각을 대신해서 이야기하지. 법정에서 변호사가 하는 일이랑 비슷해. 변호사는 법을 잘 알고 있어서 재판에 관련된 사람을 감싸서 도와주고, 대신해서 의견을 얘기해. 꼭 필요한 역할이야.

→ 제10조

망명권과 난민

신문에 실린 기사가 무슨 뜻인지 아니? 망명권은 전쟁이나 테러, 자연 재해 등으로 심각한 위험에 놓인 사람이 안전한 다른 나라로 옮겨 머무를 수 있는 권리를 말해. 난민 지위를 얻으면 국제법에 따라 보호받을 수 있어.

→ 제14조

선수들은 모두 같은 규칙을 따라

경기 규칙은 누구에게나 똑같아. 법도 마찬가지야. 모든 사람은 법 앞에서 평등하지. 남자든 여자든, 직업이 뭐든, 흑인이든 백인이든 어떤 차별도 받지 않아. **너무나도 당연한 권리야.**

→ 제7조

너한테 달려 있어!

작은 오해가 커져 따돌림을 당하는 친구가 도와달라고 하면 어떻게 하는 게 좋을까? 친구들과 이야기해 보자.

성장하고 발전할 권리

자, 서둘러. 곧 수업 시간이야!
넌 학교에서 다양한 것들을 배우고
친구들과 재미있게 지내며 쑥쑥 자라지.
권리가 지켜지고 있는지, 침해되고 있는지
구석구석 둘러보자.

찾았다, 사회권

제12조 어느 누구도 사생활, 가정, 주거 또는 통신에 대하여 함부로 간섭받지 않는다.

제13조 모든 사람은 자기 나라 안에서 어디든 갈 수 있고, 어디서든 살 수 있다. 또 그 나라를 떠날 권리가 있고, 다시 돌아올 권리도 있다.

제16조 성인 남녀는 인종, 국적 또는 종교에 따른 제한 없이 결혼하고 가정을 이룰 권리가 있다.

제24조 모든 사람은 휴식할 권리와 여가를 즐길 권리가 있다.

제26조 모든 사람은 교육받을 권리가 있다. 초등 교육은 무료여야 한다.

자세히 관찰해 봐

운동장에서 한 아이가 이상한 일을 하고 있어! 친구가 딴 데 신경 쓰는 동안 무엇을 하는 걸까?

지도에 표시된 나라들은 어떤 공통점이 있을까?

칠판에 중요한 연도가 쓰여 있어.

학생들은 정해진 시간에 쉴 수 있을까?

교실 벽에 걸린 그림은 누구 초상화일까?

관찰 보고서

한 나라처럼 자유롭게, 솅겐 협약

유럽 지역의 29개 국가는 여행과 통행의 편의를 위해 '솅겐 협약'을 맺었어. 이 지도에 표시된 지역은 솅겐 협약에 가입한 나라, 즉 솅겐 지역이야. 솅겐 지역 안에서는 마치 한 나라를 여행하는 것처럼 자유롭게 국경을 넘나들며 이동할 수 있어.
→ 제13조

아이들이 학교에 다녀

우리는 학교에서 읽고, 쓰고, 셈하는 법을 배워. 학교는 아이들이 세상과 이웃을 발견하도록 돕고, 자유롭고 독립적인 어른으로 성장하도록 교육해. 그렇지만 모든 아이가 교육받을 권리를 보장받는 건 아냐. 너무 가난해서, 나라에 전쟁이 일어나서, 여자아이라는 이유로 학교에 다니지 못하는 아이들이 여전히 많아.
모든 아이에게는 학교에 다닐 권리가 있어!
→ 제26조

쉬는 시간에 아이들이 뛰어놀아

우리는 교실에서 공부하는 시간뿐 아니라 쉬거나 운동장에서 놀거나 간식 먹을 시간도 필요해. 쉬는 시간은 우리를 행복하고 건강하게 만들어 줘. 쉬는 시간은 꼭 지켜져야 해. 쉬는 시간은 권리야!
→ 제24조

전 세계에서 2억 4400만 명의 아이들이 학교에 다니지 못하고 있어.

한 아이가 친구의 가방을 뒤지고 있어

남의 물건에 허락 없이 손대는 건 잘못된 행동이야. 의견을 묻지 않고 다른 사람의 문자 메시지를 보거나 사진을 공유해서도 안 돼. 우리 모두는 인터넷에서든, 집이나 학교에서든 비밀의 정원을 가질 권리가 있어. 그런 걸 '사생활 존중'이라고 해.

친구의 가방을 뒤지는 건 사생활권 침해야!

→ 제12조

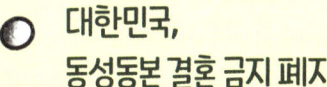

우리나라 노동 운동의 상징, 전태일 열사

전태일 열사는 봉제 노동자이자 노동 운동가, 인권 운동가로 우리나라 노동 운동을 상징하는 인물이야. 노동 시간 단축과 유급 휴가 보장 등 노동자의 권리를 외치며 자신을 불살랐어. 전태일 열사의 희생 덕분에 우리나라의 노동자들은 보다 나은 환경에서 일할 수 있게 되었지. 학생들에게 방학이 있는 것처럼 어른들에게도 유급 휴가가 꼭 필요해.

→ 제24조

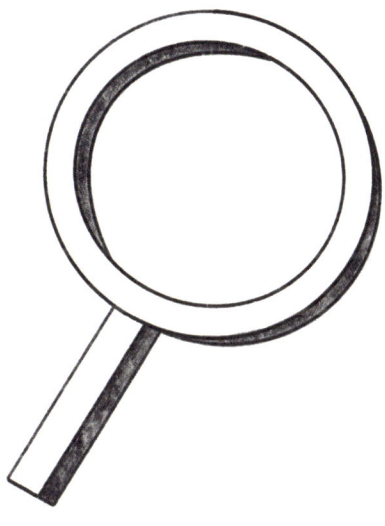

대한민국, 동성동본 결혼 금지 폐지

1997년, 헌법재판소는 동성동본 결혼 금지 조항이 헌법에 어긋난다고 결정했어. 이전에는 아버지의 성이 같은 사람끼리는 결혼할 수 없었어. 남녀 평등의 원칙에도 어긋나고, 결혼의 자유와 행복할 권리를 가로막는 조항이었지.

→ 제16조

너한테 달려 있어!

어려운 환경 때문에 학교에 다니지 못하는 아이들을 도울 방법을 찾아보자. 어떻게 하면 좋을지 친구들과 함께 이야기 나누어 봐.

사람이 사람답게 살려면

질리에트와 파블로는 친구 줄리를 만나러 가.
줄리는 도시 중심부에서 멀리 떨어진
가난한 동네의 시장 근처에 살아.
장바구니를 들고 찬찬히 둘러봐.
권리가 지켜지고 있는지, 침해되고 있는지.

찾았다, 경제적 권리

제15조 모든 사람은 국적을 가질 권리가 있다. 누구든지 정당한 근거 없이 국적을 빼앗기지 않으며, 국적을 바꾸거나 다른 국적을 취득할 권리가 있다.

제17조 모든 사람은 혼자 또는 다른 사람과 함께 재산을 가질 수 있다.

제22조 모든 사람은 사회의 일원으로서 사회 보장을 받을 권리가 있다.

제23조 모든 사람은 직업을 자유롭게 골라서 일할 권리, 공정하고 유리한 노동 조건에서 일할 권리, 일자리가 없을 때 보호받을 권리가 있다.

제25조 모든 사람은 의식주, 의료 및 사회 복지를 포함해 건강하고 행복하게 살기에 적합한 생활 수준을 누릴 권리가 있다.

자세히 관찰해 봐

작은 카드를 들고 있는 사람이 있어. 아주 중요한 카드야. 찾았니?

일자리가 없는 사람들을 돕는 기관을 찾아봐.

일하는 사람들이 보이니? 왜 일을 하는 걸까?

어려운 환경에 놓인 사람들 보여? 필요한 물건을 살 수 있는 사람들도 보이니?

관찰 보고서

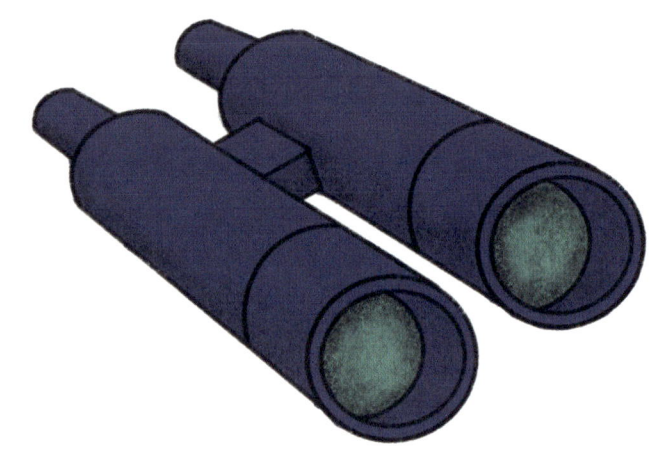

일을 하고 돈을 벌어

먹고 입고 자는 데 필요한 돈을 벌려면 일을 해야 해. 하지만 일하고 싶어도 일자리를 구하지 못하는 사람들이 많아. 장애인, 고령자, 북한이탈주민, 결혼이민자 등은 일자리를 얻는 데 특히 어려움을 겪어.
<mark>모든 사람은 일할 권리가 있어!</mark>
→ 제23조

신분 등록증

자기가 누구인지 밝힐 수 있는 서류가 없으면 기본적인 권리를 제대로 누릴 수 없어.
일할 수도, 결혼할 수도, 의료 서비스를 받을 수도 없지. 매우 취약한 상황에 놓이게 돼.
→ 제15조

> 전 세계 2억 5000만 명이 넘는 사람들이 굶주림에 시달리고 있어.

갈 곳이 없어서 길에서 살아

집다운 집에 사는 건 사람의 기본적인 권리야. 그렇지만 집값이 너무 비싸서 우리나라의 약 228만 가구가 너무 좁고 낡은 집, 심지어 화장실도 부엌도 없는 데서 살아. 길거리에서 사는 사람도 있지.
<mark>인간의 존엄성과 주거권 침해야!</mark>
→ 제25조

식품 기부

먹을 것을 기부해 본 적 있니? 사람은 먹지 않고는 살 수 없어. 그러나 우리 주변에는 먹을 것을 살 돈이 없을 정도로 가난한 사람들도 많아. 그래서 푸드뱅크나 푸드마켓 같은 기관에서 기업이나 개인에게 먹을 것과 생필품을 기부 받아서, 끼니를 거르는 아이들과 가족 없이 혼자 살아가는 할머니 할아버지 등 생활이 어려운 사람들에게 나눠주고 있어.

→ 제25조

고용복지플러스센터

일자리를 구하는 사람에게 일자리 소식을 전해 주고 직업 훈련을 받을 수 있도록 도와주는 기관이야. 고용복지플러스센터에서는 일자리를 잃은 사람이 다른 일자리를 구하는 동안 먹고살 수 있도록 월급처럼 돈을 주는 '실업급여' 제도도 이용할 수 있어.

→ 제22조

자기를 위해 물건을 사

소유권은 태어나면서부터 모든 사람에게 주어진, 기본적인 권리야. 네 가방이나 자전거, 노트북, 심지어 네 생각까지도 오로지 네 거야. 누구도 너한테서 빼앗을 수 없고, 너 역시 누구에게 무엇이든 빼앗을 수 없어.

우리 모두한테는 자기를 위해 물건을 살 권리가 있어!

→ 제17조

가난과 굶주림 없는 세상을 만들기 위해 우리가 할 수 있는 일은 무엇인지 친구들과 이야기 나누어 보자.

너한테 달려 있어!

자유롭게 토론하고 투표할 수 있는 민주주의 만세!

오늘은 정말 민주적인 날!
파블로와 쥘리에트는 어린이 의회에서 법안을 논의할 거야.
토론을 좋아한다면 제대로 찾아왔어!
권리가 지켜지고 있는지, 침해되고 있는지 살펴보자.

찾았다, 참정권

제18조 모든 사람은 사상, 양심, 종교의 자유를 누릴 권리가 있다.

제19조 모든 사람은 의견의 자유와 표현의 자유에 대한 권리가 있다.

제20조 모든 사람은 평화롭게 집회를 열고 단체를 만들 자유가 있다.

제21조 모든 사람은 선거로 자기 나라 정치에 참여할 권리가 있다. 선거는 올바르고 평등하게 해야 하며, 누구에게 표를 찍는지 비밀로 할 수 있다.

자세히 관찰해 봐

의회 안에서는 누구나 자유롭게 자기 의견을 말할 수 있니?

소셜미디어를 들여다보고 있는 아이 보이니?

표지판에 뭐라고 쓰여 있니?

모든 아이들이 의사 결정에 자유롭게 참여하고 있니?

의장 옆에 중요한 물건들이 놓여 있어. 무엇일까?

관찰 보고서

민주주의

'민주주의'가 무슨 뜻인지 아니? 민주주의(democracy)는 그리스어 '데모크라티아(demokratia)'에서 왔고, '민중 정부'라는 뜻이야. 왜냐하면 민주주의에서는 투표로 자신의 생각을 나타내는 것도 자신의 운명을 결정하는 것도 바로 국민 자신이기 때문이지. 말하자면 '국민의, 국민에 의한, 국민을 위한' 정부라고 할 수 있어. 민주주의는 세계에서 가장 널리 퍼진 정치 체계야. 완벽하다고 할 수는 없지만, 적어도 많은 사람들이 자기 목소리를 낼 수 있는 제도지.

→ 제21조

모든 아이가 투표에 참여해

토론을 마치고, 아이들은 어떻게 해야 할지 결정하려고 손을 들어 투표해. 다수결의 원칙에 따라 많은 아이들이 원하는 쪽으로 결정을 내리지. 투표는 아주 오래전부터 있었던 정치 참여 방식이야.
당연히 모든 아이에게는 투표에 참여할 권리가 있어!

→ 제21조

한 아이가 자기 의견을 말해

양심의 자유는 세계인권선언에 쓰인 가장 중요한 권리 가운데 하나야.
당연하게 여겨질 수도 있지만, 세상에는 생각이 다르다는 이유로, 종교가 다르다는 이유로, 정치적 이념이 다르다는 이유로 위험에 처해 있는 사람이 무척 많아.
아이는 자기 의견을 가질 권리가 있어!

→ 제18조

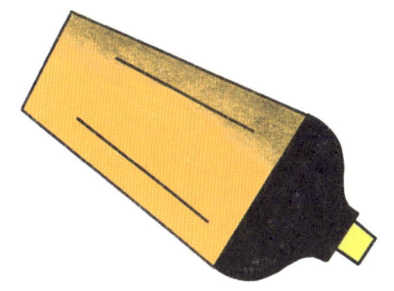

표현의 자유의 한계

소셜 미디어에서 하고 싶은 말은 뭐든 해도 될까?
표현의 자유는 아주 중요한 기본권이지만, 그렇다고 무엇이든 아무렇게나 해도 되는 건 아냐.
예를 들어, 다른 사람의 사생활을 침해하는 표현은 해선 안 돼. 명예 훼손이나 인종 차별, 증오를 부추기는 표현도 절대 해선 안 되고.
→ 제19조

신문과 표현의 자유

양심의 자유와 더불어 표현의 자유도 아주 중요해.
표현의 자유는 거리낌 없이 자기 생각이나 의견을 말할 수 있는 기본권이야.
신문이나 뉴스 같은 언론이 눈치보지 않고 올바르게 이야기해야 사회가 발전할 수 있어. 표현의 자유 덕분에 오늘날 언론인들은 감옥에 갇힐 걱정 없이 권력을 비판할 수 있지.
우리나라 헌법에도 표현의 자유를 보장하고 있어.
→ 제19조

한 아이가 시위 금지 표지판을 들고 있어

민주적인 의회에 조금도 어울리지 않는 표지판이야. 모든 사람은 두려워하지 않고 자기 의견을 말할 권리가 있어. 어떤 시위는 역사의 물길을 바꾸기도 했지.
그러나 여전히 많은 나라에서 사람들이 거리에 모여 의사를 표시하면 감옥에 갇히거나 사형에 처해질 수도 있어.
<mark>시위 금지는 권리 침해야!</mark>
→ 제20조

세상을 더 낫게 만들 좋은 생각이 있다면, 어린이 의회나 학급 회의에 의견을 내 봐.

다양성의 기쁨과 즐거움!

마을에 문화 다양성 축제가 열렸어. 전 세계 다양한 문화를 한자리에서 만나 볼 수 있는 멋진 기회야.
쥘리에트와 파블로와 함께 축제에 참여해서 권리가 지켜지고 있는지, 침해되고 있는지 살펴봐.

찾았다, 문화권

제27조 모든 사람은 공동체의 문화 생활에 자유롭게 참여하고 예술을 즐길 권리가 있다.

제28조 모든 사람은 이 선언의 권리와 자유가 온전히 실현될 수 있는 체제에서 살아갈 자격이 있다.

제29조 모든 사람은 자신이 속한 공동체에 대해 한 인간으로서 의무를 진다.

제30조 이 선언의 어떠한 규정도 남의 권리와 자유를 짓밟기 위해 사용될 수 없다.

자세히 관찰해 봐

문화 다양성 축제에는 누구나 참여할 수 있니?

누구나 자기가 입고 싶은 대로 옷을 입을 수 있니?

한 아이가 특별한 깃발을 들고 있어. 찾아볼래?

음, '청소년문화의집'은 뭐 하는 곳일까?

관찰 보고서

사람들이 공연을 좋아하는 이유

공연은 감동과 재미를 주고, 푹 빠져드는 경험을 맛보게 해 줘. 맨 처음 연극 공연은 무려 기원전 5세기에 시작됐다는 거 알고 있니? 고대 그리스부터 사람들은 비극을 사랑하고, 야외 공연과 음악회를 즐겼어! 오랜 시간을 지나는 동안 그 내용이나 형식은 달라져 왔지만, 예술이 사회에 활력을 불어넣는다는 사실은 변함이 없어.

→ 제27조

마을 축제에서 연주회가 열려

가족들과 함께 음악을 듣거나 거리 예술 작품을 감상하거나 영화를 본 적 있니?
다양한 문화 예술을 경험하고 나누는 활동은 비판적 사고력과 창의성을 키워 줘.
또한 다른 사람들과 구별되는 문화적 취향을 만들어 주지.
<mark>연주회를 즐기는 건 권리야!</mark>

→ 제27조

한 여자아이가 인도 전통 의상 사리를 입고 있어

모든 문화는 다른 문화와 비교할 수 없는 가치를 지니고 있어. 그러므로 전 세계 모든 문화의 고유성을 존중하고 다양성을 이해해야 해. 언어나 종교, 음식, 의상, 전통, 인사법 등의 모든 문화적 차이를 포함해서 말야.
<mark>인도 전통 의상 사리를 입는 건 그 아이의 권리야!</mark>

→ 제27조

다른 사람들에게 관심을 기울여

쥘리에트와 파블로의 관찰은 여기까지!
세계인권선언 덕분에 인권이란 무엇인지, 왜 지켜져야 하는지 알게 됐어.
또한 일상생활에서 권리와 자유를 지킬 수 있는 방법도 배웠고.
다른 사람에게 관심을 기울이는 건 우리 모두의 의무야!
→ 제29조

국제 연합, 유엔(UN)

아이가 들고 있는 파란색 깃발을 알아봤니? 유엔 깃발이야.
유엔은 세계 평화와 인류의 행복을 위해 노력하는 단체지.
평화는 인권의 울타리라고 할 수 있어. 전쟁이 일어나면 모든 것이 파괴되고 인간의 존엄성마저 짓밟히니까.
→ 제28조

청소년문화의집

다양한 예술, 문화, 스포츠 활동을 할 수 있는 기회도 문화권이야.
우리나라에는 기초자치단체마다 '청소년문화의집'이 설치되어 있어. 여러 시설을 갖추고 다양한 프로그램을 운영하고 있지. 마음 맞는 친구들끼리 동아리 활동도 할 수 있어. 한번 시작해 봐!
→ 제27조

너한테 달려 있어!

경험하고 싶은 문화 프로그램이 있니?
친구들과 이야기해 보고, 청소년문화의집에 의견을 내 봐.

문화는 우리를 행복하게 하고 삶의 질을 높여 줘.

축하해!

일상생활의 여러 장면을
구석구석 관찰하는 동안
너는 어느새 인권 수호자가 되었어.

자, 어른이 될 필요도 없고
슈퍼 히어로 망토를 입을 필요도 없어.
세상 모든 아이들에겐
인권을 수호하는 초능력이 있으니까!

* 이 책에 실린 전태일 열사의 초상화는 아름다운청년 전태일기념관의 승인을 받았습니다.

찾았다, 권리 침해! 그림으로 만나는 세계인권선언

글쓴이 폴라 부드로 | 그린이 쥐스틴 두해 | 옮긴이 라미파 | 펴낸이 곽미순 | 책임편집 이은파 | 디자인 신미연
펴낸곳 ㈜도서출판 한울림 | 편집 윤소라 이은파 박미화 | 디자인 김민서 이순영 | 마케팅 공태훈 윤도경 | 경영지원 김영석
출판등록 2004년 4월 12일(제2021-000317호) | 주소 서울특별시 마포구 희우정로16길 21
대표전화 02-2635-1400 | 팩스 02-2635-1415
블로그 blog.naver.com/hanulimkids | 페이스북 www.facebook.com/hanulim | 인스타그램 www.instagram.com/hanulimkids
첫판 1쇄 펴낸날 2024년 7월 8일 | ISBN 979-11-6393-164-5 73330

이 책은 저작권법에 따라 보호받는 저작물이므로, 저작자와 출판사 양측의 허락 없이는 이 책의 일부 혹은 전체를 인용하거나 옮겨 실을 수 없습니다.
* 한울림어린이는 ㈜도서출판 한울림의 어린이 책 브랜드입니다.
* 잘못된 책은 바꾸어 드립니다.

어린이제품안전특별법에 의한 제품 표시   제조국 대한민국   사용연령 10세 이상